RIO DOS MONSTROS

MARIA L LOPES.

ALEXANDROS POLITIS LOPES

RIO DOS MONSTROS

ATLANTIC OCEAN

O rio Amazonas se encontra na America do Sul. É o segundo rio mais longo do mundo. É uma estrada larga, feita de água e que os habitantes locais, os caboclos da região, utilizam para viajar. Ruas na floresta não existem. O comprimento do rio é aproximadamente 6.400 quilômetros (4.000 milhas). A região é úmida, e com chuvas diárias. Esse poderoso rio e a floresta circundante estão mergulhados em antigos mistérios e lendas. Há muitos peixes bizarros e animais de diferentes espécies que ali habitam. Mas a região do rio Amazonas também absorveu as coisas da civilização moderna e que mudaram para sempre a maneira como os seus povos nativos viviam.

A floresta recebe em média cerca de nove metros de chuva por ano. Na estação das chuvas, a floresta é inundada, o nível de água sobe muito, afetando até as cidades ribeirinhas. Na estação seca, chamada de rasa, as chuvas diminuem e os leitos de alguns rios ficam expostos, pondo em risco a vida dos peixes e animais aquáticos. Toda essa chuva, combinada com temperaturas de 35-38 graus, contribui para a umidade muito alta durante o dia, aumentando a sensação de calor. As noites são muito mais confortáveis, em torno de 27 graus.

De maio a setembro é o inverno típico da Amazônia, com menos chuvas e temperaturas mais baixas.

O povo da floresta Amazônica usa o rio para trazer os produtos de que necessita, e para enviar para fora o que produzem. Dessa forma, fazem dinheiro para os extras que desejam comprar, o que a moderna sociedade oferece ao consumo.

Alguns deles vivem em barcos flutuantes feitos de madeira reforçada e resistente. A durabilidade da madeira utilizada é essencial já que essas pessoas estão em movimento todos os dias, atravessando as águas dos inúmeros rios que formam a bacia Amazônica.

Existe grande variedade de tribos indígenas na Amazônia. Cada tribo tem seu próprio idioma. O resultado disso é que há em torno de uma centena de diferentes línguas faladas e dialetos. Algumas dessas tribos vivem isoladas no meio da selva, sem possibilidade de sofrer a influência das sociedades modernas. Eles caçam, pescam e coletam frutos e raízes da floresta. Eles vivem em comunidades a que chamam tribos, em malocas ou ocas, casas comunitárias, feitas de palha.

Muitas dessas tribos vivem na fronteira da selva, sem se embrenharem na floresta, desenvolvendo outras atividades. Okanamari, Kazinawa, Matis, Marubo e Waimini, por exemplo, são algumas das tribos que se dedicam a extrair matéria-prima das seringueiras, árvores que fornecem borracha, e vender a borracha obtida. Os ganhos, ou são gastos em guloseimas não encontradas na região da selva, ou são trocados por bens de que necessitam.

Curiosamente, a tribo dos Ticunas não tem medo de se misturar com as pessoas de fora da floresta. Eles pechincham, permutam e vendem uma grande variedade de artesanatos. Talentosos e com pendores artísticos, eles fazem roupas de folhas de palmeira e penas de aves coloridas. Eles também usam as folhas de palmeira para tecer cestas. Suas esculturas são tradicionais e feitas de pau-brasil, que é uma árvore brasileira, nativa do país. O pau-brasil tem madeira densa, vermelho-alaranjado.

Este misterioso rio não permite que se desvendem facilmente os seus segredos. Esconde perigos que espreitam suas águas negras e sobre os quais existem muitas lendas e histórias. Animais são vistos pendurados nos galhos que se debruçam em suas margens, cobras e outros animais como o bugio e o jaguar. E é a visão dessas árvores e desse verde exuberante que faz parecer uma região de esmeraldas.

O mundo nas profundezas do rio Amazonas está repleto de vida, com mais de 3.000 espécies conhecidas de peixes, desde o mais ínfimo Neon Tetra, à piranha mais temida, até muitos outros que são muito maiores e pertencentes a assustadoras espécies. Muitos mais estão constantemente sendo descobertos.

Golfinho

Vamos começar com um dos maiores, mas muito delicado. O golfinho do rio Amazonas é o maior os golfinhos de água doce, é a criatura mais curiosa do rio por sua capacidade de orientação. Nas águas turvas do Amazonas, este golfinho não necessita de olhos. Ele se baseia em um delicado assovio. Esses afinados assovios são usados para ecolocalização, permitindo que o golfinho nade com segurança através do rio, perfeitamente orientado.

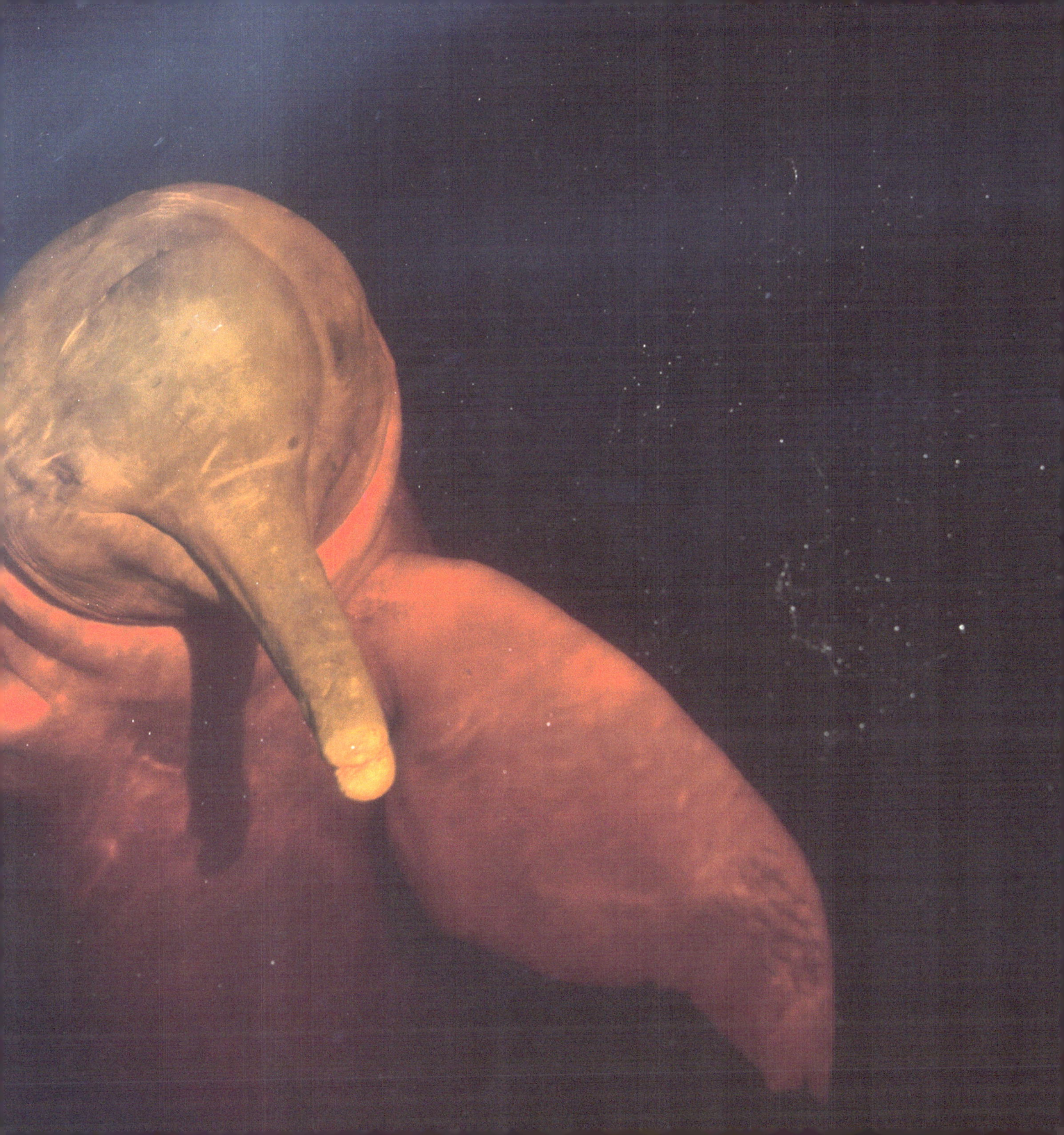

SUCURÍ

Agora, passemos para a escorregadia, assustadora sucuri, gigante, a cobra mais temida no mundo. Feliz em terra, na água, ou pendurada em uma árvore... Esperando o jantar! Elas matam enroscando-se no corpo da vítima, apertando-o fortemente até que seus ossos se quebrem. Elas vigiam sua refeição em potencial e lhe dão um longo e apertado abraço até que sufoquem. Elas espremem suas vítimas até a morte. Só se lembre - se você abraçar uma anaconda, ela irá abraçá-lo de volta!

JACARÉ

Jacarés são comuns no Rio Amazonas. Filhote de jacaré faz um som estalado para pedir socorro e alertar sua mãe quando eles são ameaçados por predadores. O jacaré anão é o menor das espécies, cerca de 1-1,5 metros (4,3 a 4,9 pés) em comprimento. O jacaré preto é o maior das espécies, 1,72 metros (5,6 pés) de comprimento. Seus predadores naturais são o jaguar e a sucuri. No entanto, o ser humano está no topo da lista de matança.

PiKe CiCHLiDS

Cichilds Pike são peixes que levam muito a sério como cuidar de criança. Quando ameaçados, os bebês dirigem-se em cardumes para a boca da mamãe. Eles se escondem lá até que seja seguro sair fora e nadar. Pike cichilds têm um comportamento diferente do resto de sua família. Eles capturam insetos para jantar.

PEIXE FANTASMA NEGRO

O peixe fantasma negro nunca vai ser um comediante. É noturno e tímido e se comunica, fazendo vibrações na água. Os povos indígenas acreditam que o peixe fantasma negro assume o seu espírito quando eles morrem. Eles acreditam que o peixe é sagrado aos olhos das tribos. Caso você pegue um, deve jogá-lo de volta à água. Ou você pode ofender uma tribo local.

ArRAiA

A arraia de água doce tem uma farpa venenosa de 12 a 15 polegadas em sua cauda. Mas não se preocupem, elas só picam em autodefesa. Um golpe de sua cauda pode afogar um mergulhador. Como moradoras do fundo do rio, elas se alimentam de moluscos e caranguejos. Um fato interessante - na história grega eles usavam o veneno da espinha da arraia como anestésico.

Peixe Agulha

O peixe agulha é tão antigo como a terra pré-histórica de fato. É um peixe predatório da Era Mesozoica, período Cretáceo, cerca 135-165 milhões de anos atrás. Seu nome comum é peixe-agulha. Eles são tímidos e nervosos e variam em tamanho de três centímetros de largura e 95 centímetros de comprimento. Eles caçam dia e noite. Quando assustado ou em perigo, o peixe agulha faz um som estalado para assustar predadores. Eles se alimentam de pequenos peixes e crustáceos. Caso você queira um concorrente para o salto em distância olímpico, o peixe agulha pode ser uma boa escolha. Eles podem saltar distâncias muito longas.

ARAPAIMA

Arapaima é o maior peixe de água doce do rio Amazonas, e ele deve vir á superfície para respirar. Presume-se que esse peixe tem surgido em torno da época dos dinossauros. Eles são ossudos, estão equipados com um conjunto de dentes afiados. Os indígenas às vezes esculpem os dentes do Arapaima, construindo ferramentas para caça e pesca. Diz a lenda que Arapaima era um índio que pertencia à tribo dos Uaías. Ele era um bravo guerreiro, mas cruel. O deus do trovão o puniu e sentenciou-o a viver para sempre nas águas do Amazonas, como um peixe escuro, gigante.

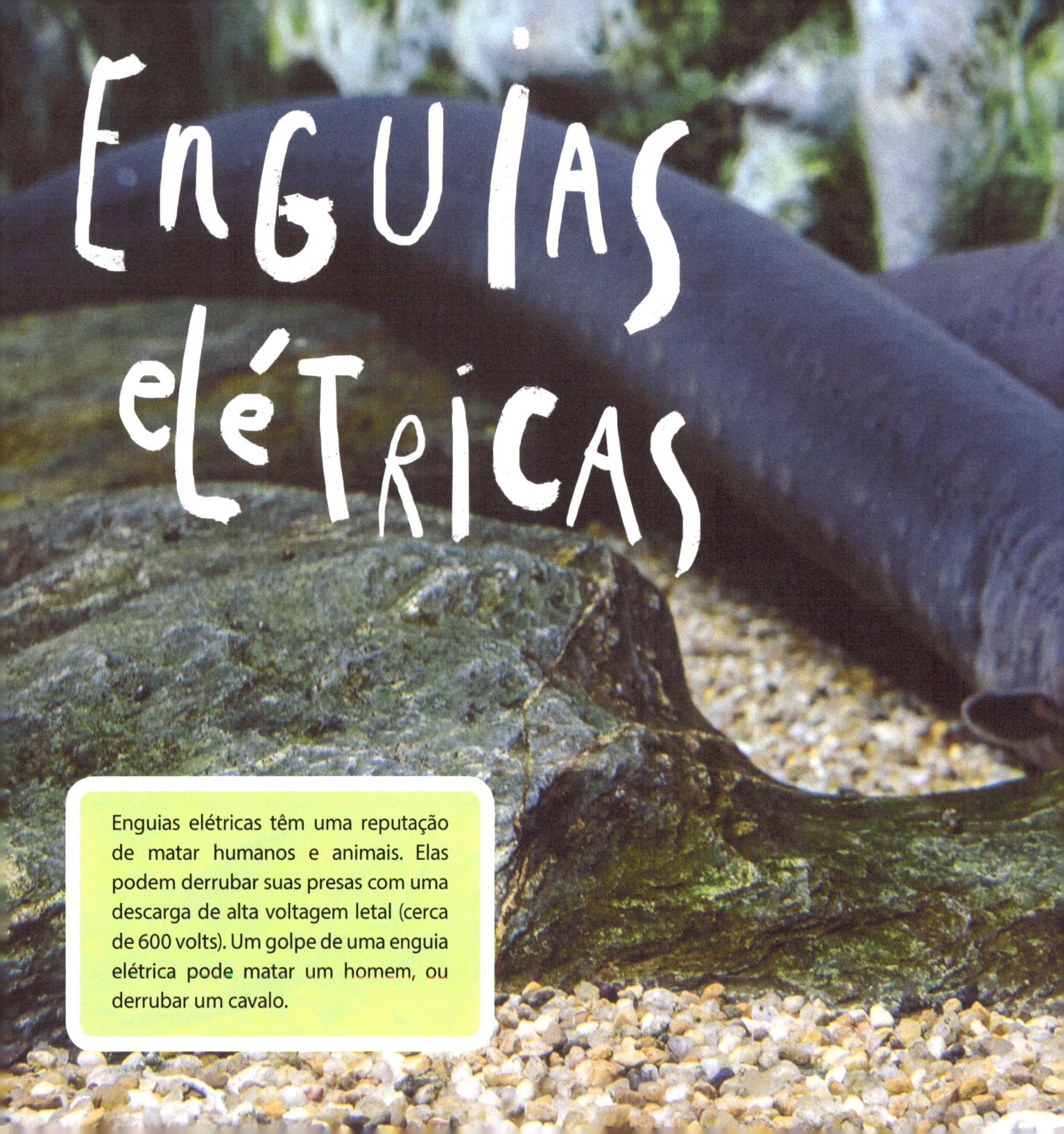

ENGUIAS ELÉTRICAS

Enguias elétricas têm uma reputação de matar humanos e animais. Elas podem derrubar suas presas com uma descarga de alta voltagem letal (cerca de 600 volts). Um golpe de uma enguia elétrica pode matar um homem, ou derrubar um cavalo.

PANAQUE

Panaque são os únicos peixes que comem madeira. Esses peixes podem ser encontrados em córregos de fluxo rápido durante a estação das águas. Eles se escondem nas raízes das árvores e em pilhas de madeira na beira do rio. Esse enorme monstro é uma criatura gentil e inofensivo para os seres humanos. É conhecido como um comedor de canoa, pois tem o hábito de fazer buracos em canoas de madeiras, mastigando-as.

PiRANHa

Piranhas! Oh, sim, uma palavra de alerta. Nunca convide uma piranha para jantar, a menos que você planeje alimentá-la bem. A piranha é um limpador do rio com uma reputação feroz. Elas são canibais e, se o alimento é escasso, não têm nenhum problema em comer outras piranhas. Como o tubarão, as piranhas têm uma habilidade sensorial para detectar sangue fresco na água. Para a piranha, o cheiro de sangue fresco é o sino do jantar!

CANDIRU ASU

Candiru-asu é o mais ínfimo dos vertebrados e pertence à mesma família do o palito. Tem pequenos dentes afiados e é um dos mais diligentes limpadores. Trabalha como um parasita em outros peixes: ele entra no corpo do hospedeiro através de suas brânquias. Nade se tiver coragem, porque ele pode entrar no corpo humano também.

BAGRe

O Bagre de água doce se alimenta do fundo do rio. Eles têm bigodes sensíveis para localizar comida no fundo do rio. Pequenos animais, como sapo e insetos também estão no seu cardápio. O bagre tem pulmões para que ele possa respirar durante o rastreamento fora d'água. Eles arrastam-se em direção às margens da água com suas nadadeiras dianteiras, e se impulsionam para fora, com a ajuda de seu rabo. Caso você tope com um bagre na lama, ao lado do rio Amazonas, corra! Este peixe bagre pode chegar a cerca de 10 pés (3 metros) em comprimento e pesa de até 450 arrobas (200 kg). Corra rápido!

Peixe Boi

O peixe-boi é uma amigável criatura, exatamente o tipo capaz de ser um grande vizinho. Eles são grandes mamíferos que nadam lentamente em águas costeiras do rio Amazonas. Para os locais, eles eram tribos humanas. A cultura amazônica acredita que eles estejam relacionados com sereias. A tradição os tornou animais sagrados.

O rio Amazonas nasce na Cordilheira dos Andes e tem o nome de Solimões, até receber as águas do seu afluente, rio Negro, quando passa a se chamar Amazonas. Deságua no Oceano Atlântico e sua foz tem uma largura imensa. Essa foz é formada por várias ilhas que a dividem em braços chamados paranás. Como o Amazonas serpenteia pela floresta exuberante e úmida, muito rios, grandes e pequenos, juntam-se a ele. Estes vários rios adicionam suas águas às do rio Amazonas, aumentando o seu volume e largura. O maior desses afluentes, um enorme rio em si mesmo, é o Rio Negro.

Quando estes dois rios poderosos se reúnem, a mistura de suas águas causa um efeito raro. E se quiser registrar o Rio Amazonas e sua floresta circundante, traga sua câmera. Toda essa vista maravilhosa e surpreendente espera o clique de seu dedo.

GLOSSÁRIO

Temperaturas = Lugar que não é nem muito quente nem muito frio,geralmente com verões quentes e invernos frios.

Aguas Turva = O rio com obscuridades or sujos,devido a inundações ou correntes fortes.

Seringueira = Uma árvore que produz uma substância elástic forte usada para fazer pneus, bola,mangueiras e outras coisas.

Dialetos = Línguagem usada por pessoas em uma área do país,mas não no resto do país.

Invertebrados = animais que não tem espinha que vivem nos oceanos ou rios:coral,caranguejos,car ocóis,esponjas e outros.

Camuflagem = Cores e padrões que se misturam com o ambiente fazendo com que um animal difícil de ver.

Predador = animais que caçam outros por comida.

Espécies em perigo = Um tipo de animal ou plant que se tornou tão raro que é perigo de extinção.

Um Bom Susto

Nós encontramos uma baleinha branca que está perdida da família dela. Ela nadou longe de sua casa no Pólo Norte.

Que Cor é Essa?

é ideal para reforçar cores, introduzir palavras e reconhecer habilidade em crianças de 3-6 anos de idade. Recomendado para criança que está se alfabetizando ler sozinha. Todas as páginas do livro são acompanhadas com figuras, palavras, objetos e cores que começam com a mesma letra do alfabeto.

Animais da Selva Amazônica

Animais da Selva Amazônica, vai trazer o leitor mais perto dos animais da floresta Amazônica que estão em risco de extinção por causa da perda do seu hábitat.

Boogie Woogie Woo

encontramos um menino e seu rato de estimação que gostam de executar suas musicas favoritas,tocando e cantando.

www.ingramcontent.com/pod-product-compliance
Lightning Source LLC
Chambersburg PA
CBHW041514280526
45792CB00004B/1251